Inhalt

**Branchenreport MARKETING & WERBUNG
Ausgabe 1/2011**

Kernthesen

Beitrag

Zahlen und Fakten

Weiterführende Literatur

Impressum

GENIOS BranchenWissen Nr. 05/2011 vom 03.05.2011

Branchenreport MARKETING & WERBUNG Ausgabe 1/2011

Markus Hofstetter

Kernthesen

- Der Umsatz im deutschen Werbemarkt ist 2010 sowohl brutto als auch netto gewachsen.
- Um dem Honorar- und Kostendruck zu begegnen, verbessern die Agenturen ihre Strukturen.
- Bei den Mediengattungen verzeichnete Online in 2010 den mit Abstand am höchsten Zuwachs.
- Die Zeichen stehen weiter auf Erholung, 2011 wird im deutschen Werbemarkt wieder

ein Plus erwartet.

Beitrag

Deutscher Werbemarkt hat sich erholt

Der deutsche Werbemarkt hat sich erholt. Laut Nielsen wurde 2010 brutto ein Umsatz von 25 Milliarden Euro erzielt. Dies entspricht einem Plus von elf Prozent gegenüber 2009. Die Nielsen-Zahlen beziehen sich allein auf die Brutto-Ausgaben, das heißt sie berücksichtigen keine Preisabsprachen, Sonderkonditionen oder Rabatte. Daraus lassen sich jedoch Werbedruck und Mediastrategien ablesen.

Netto ist die Entwicklung wesentlich ernüchternder, wie es die Zahlen des Zentralverbands der Deutschen Werbewirtschaft (ZAW) zeigen. Die Nettoeinnahmen der Medien legten danach 2010 um knapp zwei Prozent auf 18,7 Milliarden Euro zu. Bei seiner Betrachtung des Nettowerbemarktes berücksichtigt der ZAW nur die tatsächlich geflossenen Gelder nach Abzug von Rabatten und sonstigen Preisnachlässen. Der gesamte Werbemarkt soll nach Verbandsangaben inklusive Honoraren und

Produktionskosten um 2,3 Prozent auf 29,5 Milliarden Euro gewachsen sein. Die Bilanz fällt damit deutlich weniger euphorisch aus als es die Zahlen von Nielsen erwarten lassen. (1), (2), (3), [Abb. 1]

Die Renditen der Agenturen sind unter Druck

Die Agenturen profitieren von der wirtschaftlichen Belebung. Viele Projekte, die 2009 noch auf Eis gelegt worden waren, wurden zwischenzeitlich umgesetzt. Einst kränkelnde Branchen wie die Automobilindustrie feiern wieder Rekordabsätze. Selbst der private Konsum ist gestiegen. Die Folge ist, dass wieder in Kommunikation investiert wird, vor allem in Online- und Below-the-Line-Maßnahmen. Laut Gesamtverband Kommunikationsagenturen (GWA) konnten die Agenturen 2010 ihr Gross Income im Vergleich zu 2009 im Schnitt um 7,5 Prozent steigern. Auf den ersten Blick sieht also alles gut aus für die 2009 arg gebeutelte Agenturbranche. Aber die Rendite ist laut GWA-Monitor aufgrund von Honorar- und Kostendruck bei vielen Agenturen noch nicht wieder da, wo sie vor der Krise war. Das tatsächliche Rendite-Plus 2010 fiel mit 13,5 Prozent wesentlich geringer aus, als noch Ende 2010 erwartet. Da gingen die Agenturen noch von einer Steigerung von rund 31 Prozent aus.

Um den Kosten- und Honorardruck zu begegnen, arbeiten viele große Agenturen an ihren Strukturen. So werden ehemals getrennte Einheiten für klassische Werbung und der Digitalbereich, für den großes Potenzial gesehen wird, zusammengelegt. So führte beispielsweise DDB seine Kernmarke mit der Multichannel-Schwester Tribal DDB unter dem Namen DDB Tribal Group zusammen. Einen ähnlichen Schritt vollzog BBDO. Die Agentur fusionierte zum 1. April 2011 mit der CRM- und Digitalschwester Proximity. Nach der Übernahme des Spezialanbieters No More Sleep hat TBWA diesen in das Stammhaus integriert. Gleichfalls für ein Modell der engen Kooperation, wenn auch mit eigenständigen Marken, hat sich Ogilvy entschieden. Die Kampagnenentwicklung wird bei Ogilvy & Mather Advertising gebündelt, während CRM- und E-Commerce-Lösungen unter dem Label Ogilvy One angeboten werden. Noch einen Schritt weiter in der Trennung der Marken und Angebote geht die Grey-Gruppe. Dort will man die Stammmarke weiter mit eigenständiger Digitalexpertise ausstatten. Auf der anderen Seite soll sich die Schwester G2 stärker als digitale und datengetriebene Marketing- und Strategieberatung positionieren. (4), (5)

Top-50-Ranking der

Werbeagenturen: Serviceplan neue Nummer eins

Der Umsatz der 50 größten unabhängigen/inhabergeführten Werbeagenturen erhöhte sich von 2009 auf 2010 im Durchschnitt um 9,58 Prozent auf 814,22 Millionen Euro. Das sind rund 2,5 Prozentpunkte mehr als die von der GWA ermittelte durchschnittliche Wachstumsrate für die komplette Branche. Auch die Entwicklung im Personalbereich war positiv. 2010 hatten sie 7 087 Mitarbeiter auf der Gehaltsliste stehen - gut sechs Prozent mehr als im Vorjahr.

Das aktuelle Ranking von W&V und Horizont führte 2010 Serviceplan an. Die Gruppe baute ihr Bestandsgeschäft unter anderem bei BMW aus und gewann viele neue Kunden hinzu, etwa Osram oder Kabel BW. Wachstum bescherte zudem die Online-Tochter Plan.Net. Mit 994 Mitarbeitern erwirtschaftete die Gruppe 144,83 Millionen Euro Gross Income, ein Plus von rund 15 Prozent gegenüber 2009. Platz zwei geht an Commarco (Scholz & Friends) mit 122 Millionen Euro Umsatz. Das sind fast vier Millionen Euro oder 3,37 Prozent weniger als 2009. Auf Platz drei liegt Media Consulta. Das Network legte in Deutschland um 2,9 Prozent auf 75,4, Millionen Euro zu. Kräftig wachsen konnte auch

Jung von Matt. Zahlreiche neue Kunden, darunter Fujitsu, Chiquita und Zalando, sowie die Mehraufgaben beim Kunden Mercedes-Benz bescherten der Hamburger Agenturgruppe 64,33 Millionen Euro Gross Income, das sind zwanzig Prozent mehr als 2009. Aperto aus Berlin erhöhte durch die Übernahme von Plantagne und Greenkern den Umsatz um mehr als zwei Drittel. Unabhängig davon gewann die Gruppe mit der Europäischen Zentralbank, WWF sowie Erdgas Mobile reichlich Neugeschäft. Auch bei der Nummer fünf im Ranking, der Nürnberger Agentur Dialogfeld, beschleunigte die Akquisition des Schweizer Event-Spezialisten Habeggerden den Aufwärtstrend. Das Gross Income steigerte sich um 14,6 Prozent auf 29,3 Millionen Euro. Das Gross Income von WRW erhöhte sich um über 38 Prozent auf 16,5 Millionen Euro. Die Kölner Agentur profitierte von den neuen Kunden aus dem Jahr 2009 sowie dem geänderten Werbeverhalten.

Trotz der vielen guten Zahlen gibt es auch Verlierer. Neben Scholz & Friends ist das unter anderem die Agentur Pepper. Die Fullservice-Agentur für erklärungsbedürftige Produkte hat im vergangenen Jahr fast dreißig Prozent des Gross Income eingebüßt und rangiert nun auf Platz 20. Als Grund wird genannt, dass ein Großprojekt nicht mehr von München, sondern vom Büro in Chicago betreut wird. (6), (7), [Abb. 2]

Procter&Gamble bleibt größtes werbetreibende Unternehmen

Wer war 2010 das größte werbetreibende Unternehmen in Deutschland?
Die Nummer eins blieb laut Nielsen Procter&Gamble. Der Konsumgütergigant erhöhte im Vergleich zu 2009 die Werbeausgaben um 15,9 Prozent auf 590,7 Millionen Euro in Above-the-Line. Damit ist das Unternehmen auch Wachstumsmeister. Süßwarenspezialist Ferrero erhöhte seine Ausgaben um 15,5 Prozent auf 396,8 Millionen Euro. LOréal legte um 1,2 Prozent auf 330,6 Millionen Euro zu. Unilever erhöhte die Werbeausgaben um 13,1 Prozent auf 348,7 Millionen Euro.

Den stärksten Ausgabenrückgang unter allen Branchen wurden bei den Handelsunternehmen registriert. Sie reduzierten ihre Ausgaben um 3,3 Prozent beziehungsweise 73 Millionen Euro auf rund 2,1 Milliarden Euro. Allein die Discounter fuhren ihre Aufwendungen für klassische Werbung um rund 100,5 Millionen Euro auf 845,8 Millionen Euro zurück. So reduzierte Lidl die Werbung gegenüber 2009 um 25 Prozent auf rund 260 Millionen Euro. Aldi Nord und Süd gaben 385,7 Millionen Euro aus, ein Minus von 2,9 Prozent. Media-Markt und Saturn verringerten ihre Aktivitäten insgesamt um 1,2 Prozent auf 500,8

Millionen Euro. Doch es gibt auch Ausnahmen. So steckte der Vollsortimenter Edeka 2010 mit 237,1 Millionen Euro sieben Prozent mehr in Werbung als 2009. (14), [Abb. 3]

Mediengattungen: Online mit den größten Zuwächsen

Welche Mediengattungen haben 2010 vom Brutto-Plus im Werbemarkt profitiert?
Laut Nielsen konnten sie alle zulegen. TV wuchs um 16,2 Prozent auf 10,9 Milliarden Euro. Tageszeitungen freuten sich über ein Plus von immerhin 1,1 Prozent auf 5,4 Milliarden Euro. Publikumszeitschriften nahmen 3,6 Milliarden Euro ein, ein Plus von 4,3 Prozent, Fachzeitschriften legten um 1,3 Prozent auf 399 Millionen Euro zu. Radio kam auf 1,4 Milliarden Euro, dies entspricht plus 5,2 Prozent. Plakat steigerte sich um 6,4 Prozent auf 907 Millionen Euro. Die größten Zuwächse verzeichnete mal wieder das Internet, das Medium wuchs um 34,8 Prozent auf 2,4 Milliarden Euro. (2), [Abb. 4]

Ausblick: Deutschland im Werbefrühling

Die Unternehmen in Deutschland befinden sich im Werbefrühling. Laut Nielsen haben die Werbungtreibenden in den ersten beiden Monaten 2011 3,5 Milliarden Euro brutto investiert. Damit ist der Werbedruck im Vergleich zum Vorjahreszeitraum um knapp neun Prozent höher. Alle Mediengattungen sind im Plus. Das stärkste Wachstum beim Werbedruck verzeichnete das Internet.

Das Gesamtvolumen des deutschen Werbemarktes könnte 2011 laut ZAW mit einem Plus von 2,7 Prozent auf 30,3 Milliarden Euro anwachsen und so wieder die in den letzten beiden Jahren verfehlte 30-Milliarden-Marke überschreiten. Bei den Nettoeinnahmen der Medien rechnet der Verband mit einem Anstieg um 2,5 Prozent auf 19,2 Milliarden Euro. Letztgenannter Wert entspräche immerhin wieder beinahe dem Niveau von 2003.

Ausgesprochen optimistisch geben sich die Agenturen in Bezug auf die Wachstumsperspektiven. Zwei Drittel gehen davon aus, 2011 ihre Umsätze steigern zu können. Prognostiziert wird ein durchschnittliches Plus von 7,3 Prozent - also ungefähr so viel wie 2010. Auch bei den Renditen wird mit 12,6 Prozent eine ähnliche Steigerungsrate wie 2010 vorhergesagt. (3), (8), (9)

Trends

Versteigerung von Display-Anzeigen steckt noch in den Kinderschuhen

Aus den USA drängen Unternehmen wie App Nexus, Admeld, Rubicon Project, Pubmatic und Invite Media nach Europa, die das System des sogenannten Real Time Bidding (RTB) etablieren wollen. Dabei werden Display-Anzeigen automatisiert per Bietverfahren versteigert. Im Unterschied zu Ebay laufen die Auktionen jedoch nicht mehrere Tage, sondern nur wenige Millisekunden. Während auf den herkömmlichen Online-Marktplätzen (Ad Networks) Werbepakete zu festen Preisen verkauft werden, bietet das Modell des RTB dem Kunden die Möglichkeit, für jede einzelne Ad Impression zu entscheiden, ob und für wie viel Geld diese erworben werden soll. In den USA entwickelt sich das RTB-Geschäft rasant. In Deutschland steckt RTB noch in den Kinderschuhen. (10)

Pitches in allen Branchen

Zu Pitchings kommt es inzwischen quer durch alle Branchen. Auch wenn ein Auftraggeber mit den Bestandsagenturen zufrieden ist, wird gepitcht, siehe Ikea. Warum wird dann gepitcht? Ikea will eigenen Angaben zufolge auch anderen Agenturen eine Chance geben. Pitchberater profitieren von dieser Entwicklung. Doch laut einer Umfrage des GWA stehen Agenturchefs den Begleitern von Auswahlverfahren kritisch gegenüber. Sie verlangen von deren Interessenvertretung, einen Code of Conduct für Pitchberater zu formulieren. (11), (12)

Zahlen & Fakten

Abbildung 1: Investitionen in Werbung

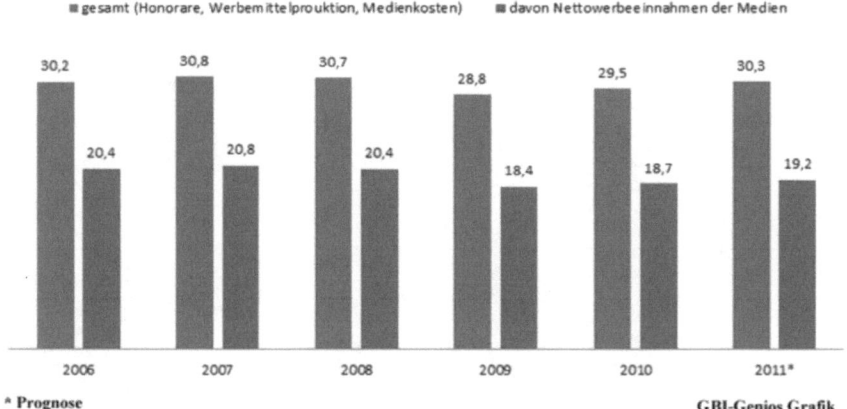

Quelle: Zentralverband der deutschen Werbewirtschaft ZAW Entnommen aus: HORIZONT, 2/2011, S. 19, (3)

Abbildung 2: Gewinner und Verlierer unter den Top 50 der inhabergeführten/unabhängigen Werbeagenturen

Rang 2010	Name und Hauptsitz	Gross Income 2010 in Mio. Euro	Gross Income 2009 in Mio. Euro	Veränderung in Prozent
Top 5 Aufsteiger				
11	Aperto, Berlin	16,46	8,37	96,65
33	Webguerillas, München	5,5	2,8	96,43

10	WRW United, Köln	16,53	11,96	38,21
37	Leagas Delaney, Köln	4,96	3,91	26,85
16	Bplusd, Köln	10,98	8,8	24,7
Top 5 Absteiger				
20	Pepper, München	9,63	13,63	-29,35
49	Riegg & Partner, Neudrossenfeld	2,52	3,16	-20,25
23	Schaller & Partner, Mannheim	7,74	9,05	-14,48
41	Damm & Bierbaum, Frankfurt	3,63	4,02	-9,7
42	Schultze, Wather, Zahel, Nürnberg	3,59	3,94	-8,88

Quelle: Arbeitsgemeinschaft Rankingliste (HORIZONT, W&V) Entnommmen aus: HORIZONT, 11/2011, S. 14, (7)

Abbildung 3: Top 10 werbungtreibende Unternehmen 2009-2010

Rang	Unternehmen mit Sitz	2010 in Millionen Euro	2009 in Prozent	Veränderung 2010 zu 2009
1	Procter & Gamble, Schwalbach	590,7	510,9	15,6
2	Media-Saturn-Holding, Ingolstadt	500,8	506,8	-1,2
3	Lidl, Neckarsulm	258,9	346,6	-25,3
4	LOreal, Düsseldorf	330,6	326,8	1,2
5	Ferrero Deutschland, Frankfurt	396,8	343,4	15,5
6	Aldi Nord + Süd, Essen/Mülheim	385,7	397,2	-2,9
7	Unilever Deutschland, Hamburg	348,7	308,4	13,1
8	Axel Springer, Hamburg	313,1	286,9	9,1
9	Edeka-Zentrale, Hamburg	237,1	221,5	7
10	Volkswagen, Wolfsburg	227,7	215,5	5,7

Quelle: Nielsen Entnommen aus: HORIZONT, 3/2011, S. 27, (1)

Abbildung 4: Werbeträger im deutschen Werbemarkt

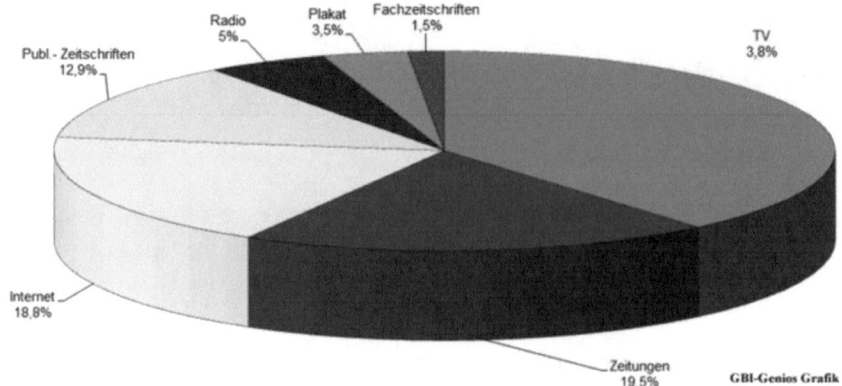

Quelle: OVK, Nielsen Entnommen aus: FAKT - Markt- und Branchenstatistiken, (13)

Weiterführende Literatur

(1) 25 Milliarden für Werbung
aus HORIZONT 03 vom 20.01.2011 Seite 027

(2) Nielsen-Zahlen zum Bruttowerbemarkt: Autokonzerne, Kim Wilde, Fruchtgummis sorgen für Plus
aus kress.de vom 12.01.2011

(3) ZAW rechnet mit Erholung
aus HORIZONT 02 vom 13.01.2011 Seite 019

(4) Umsätze rauf, Margen unter Druck
aus HORIZONT 11 vom 17.03.2011 Seite 001

(5) Im Zeichen des Umbaus
aus HORIZONT 51-52 vom 22.12.2010 Seite 015

(6) Der Branchenprimus kommt aus München
aus werben & verkaufen Nr. 11 vom 17.03.2011, S. 26

(7) Gutes Jahr für Inhaberagenturen
aus HORIZONT 11 vom 17.03.2011 Seite 014

(8) Nielsen: Werbemarkt legt brutto um 8,9 Prozent zu
aus horizont.net vom 14.03.2011

(9) Werber bleiben optimistisch
aus HORIZONT 11 vom 17.03.2011 Seite 008

(10) 3, 2, 1 ... mein Werbebanner
aus HORIZONT 09 vom 03.03.2011 Seite 016

(11) 2011: Das Jahr der Mega-Pitches
aus werben & verkaufen Nr. 06 vom 10.02.2011, S. 24

(12) Pitchberater sind uneins über GWA-Vorstoß
aus HORIZONT 12 vom 24.03.2011 Seite 006

(13) D: Werbevolumen nach Medien 2010
aus Wirtschaftswoche, 20.12.2010, S. 58

(14) Hersteller pushen, Händler bremsen
aus Lebensmittel Zeitung 03 vom 21.01.2011 Seite 044

Impressum

Branchenreport MARKETING & WERBUNG Ausgabe 1/2011

Bibliografische Information der deutschen Nationalbibliothek

Die Deutsche Nationalbibliothek verzeichnet diese Publikation in der deutschen Nationalbibliografie; detaillierte bibliografische Daten sind im Internet über http://dnb.d-nb.de abrufbar.

ISBN: 978-3-7379-1891-6

© 2015 GBI-Genios Deutsche Wirtschaftsdatenbank GmbH, Freischützstraße 96, 81927 München, www.genios.de

Alle Rechte vorbehalten. Dieses Werk ist einschließlich aller seiner Teile – z.B. Texte, Tabellen und Grafiken - urheberrechtlich geschützt. Jede Verwertung außerhalb der Grenzen des Urheberrechtsgesetzes bedarf der vorherigen Zustimmung des Verlags. Dies gilt insbesondere auch für auszugsweise Nachdrucke, fotomechanische Vervielfältigungen (Fotokopie/Mikroskopie), Übersetzungen, Auswertungen durch Datenbanken oder ähnliche Einrichtungen und die Einspeicherung und Verarbeitung in elektronischen Systemen.